Civismo

Seguir las reglas

Cassie Mayer

Heinemann Library
Chicago, Illinois

© 2008 Heinemann Library
a division of Capstone Global Library, LLC
Chicago, Illinois

Customer Service 888-454-2279
Visit our website at www.heinemannraintree.com

Designed by Joanna Hinton-Malivoire
Illustrated by Mark Beech
Translation into Spanish produced by DoubleO Publishing Services

ISBN-13: 978-1-4329-0402-9 (hc)
ISBN-13: 978-1-4329-0410-4 (pb)

The Library of Congress has cataloged the first edition of this book as follows:
Mayer, Cassie.
  [Following rules. Spanish]
  Seguir las reglas / Cassie Mayer.
       p. cm. -- (Civismo)
  Includes index.
   ISBN 1-4329-0402-7 (hc - library binding) -- ISBN 1-4329-0410-8 (pb)
  1. Obedience--Juvenile literature. I. Title.
  BJ1459.M3918 2007
  179'.9--dc22
                            2007029444

Printed in the United States   5685

Contenido

Seguir las reglas significa hacer
las cosas de la manera correcta.

Seguir las reglas hace que las cosas
sean justas para todos.

Cuando levantas la mano antes
de hablar…

estás siguiendo las reglas.

Cuando pides algo antes
de tomarlo...

estás siguiendo las reglas.

Cuando esperas a oír las
instrucciones del maestro...

estás siguiendo las reglas.

Cuando preguntas antes de
hacer algo...

estás siguiendo las reglas.

Cuando caminas por el pasillo…

estás siguiendo las reglas.

Cuando tomas precaución
cuando juegas…

estás siguiendo las reglas.

Cuando escuchas lo que te
están diciendo…

estás siguiendo las reglas.

Es importante seguir las reglas.

¿Cómo sigues tú las reglas?

Actividad

¿Cómo están siguiendo las reglas
estos niños?

Glosario ilustrado

 **justo** que todos estén de acuerdo

Índice

Nota a padres y maestros

Todos los libros de esta serie presentan ejemplos de comportamientos que demuestran civismo. Tómese tiempo para comentar cada ilustración y pida a los niños que identifiquen qué ocurriría si nadie siguiera las reglas. Use la pregunta de la página 21 para plantear a los estudiantes cómo pueden seguir las reglas en sus vidas.

El texto ha sido seleccionado con el consejo de un experto en lecto-escritura para asegurar que los principiantes puedan leer de forma independiente o con apoyo moderado. Usted puede apoyar las destrezas de lectura de no ficción de los niños ayudándolos a usar el contenido, el glosario ilustrado y el índice.